DISCOURS

SUR

L'ENSEIGNEMENT UNIVERSEL

PRONONCÉ PAR M. J. DE BACKER,

A l'occasion de la distribution des Prix aux Élèves du Pensionnat de Ste Anne près de Courtrai,

Le 25 Août 1825.

Jules Delehaye.

COURTRAI,

IMPRIMERIE DE GAMBART DE COURVAL, LIBRAIRE.

DISCOURS

SUR

L'ENSEIGNEMENT UNIVERSEL.

> L'enseignement universel n'est rien, ce n'est pas une nouveauté, c'est l'ancienne méthode qui est une nouveauté, une véritable découverte, dont les perfectionnements successifs sont autant de lieux de repos, qui allongent la route de plus en plus.
>
> Mr JACOTOT.

Messieurs,

Je ne viendrais pas élever la voix dans cette assemblée, si pour mériter l'attention qu'elle m'accorde, il fallait employer les ressorts d'une brillante éloquence : Le sentiment de ma faiblesse m'arrêterait. Cet aveu n'est point l'artifice d'une fausse modestie : j'admire ce bel art devenu nécessaire chez les peuples civilisés; mais, j'en posséderais touts les secrets, que je n'y trouverais aucun avantage pour atteindre le but que je me propose en parlant de l'Éducation. Tel est, Messieurs, le sujet important dont je vais vous entretenir. Vous convenez que la méthode la plus simple, la plus courte et la plus sûre, doit être préférée comme la meilleure pour l'étude des arts et des sciences. Celle de tracer sur le papier des lignes et des figures. Ces connaissances, je ne le nie point, sont utiles et estimables mais comme moyen et non comme fin ; quand elles nous conduisent ailleurs, et non quand on s'y arrête; quand elles nous servent de préparatifs et d'instruments pour de meilleures choses, dont l'ignorance rend tout le reste inutile. Les jeunes gens seraient bien à plaindre, s'ils étaient condamnés à passer les huit ou dix plus belles années de leur vie à apprendre à grands frais et avec des peines incroyables une ou deux langues, et d'autres choses pareilles, dont ils n'auront que rarement occasion de faire usage.

(1) Le but des maîtres dans la longue carrière des études, est d'accoutumer leurs disciples à un travail sérieux; de leur faire estimer et aimer les sciences; d'en exciter en eux une faim et une soif qui, à la fin des études, les leur fassent rechercher; de leur en montrer la route; de leur en bien faire sentir l'usage et le prix; et par là de les disposer aux différents emplois où la providence divine les appellera. Le but des maîtres, encore plus que cela, est de leur former l'esprit et le cœur; de mettre leur innocence à couvert; de leur faire

(1) On ne peut acquérir une instruction solide ni en s'amusant ni en admirant. Le génie, a dit Buffon, n'est qu'une grande aptitude à la patience.

prendre de bonnes habitudes; de corriger et de vaincre en eux par des voies douces (1), les mauvaises inclinations qu'on y remarque, telles sont la fierté, l'insolence, l'estime de soi-même, un sot orgueil toujours occupé à rabaisser les autres, un amour propre aveugle et uniquement attentif à ses commodités, un esprit de raillerie qui se plaît à piquer et à insulter, une paresse et une indolence qui rend inutiles toutes les bonnes qualités de l'esprit.

(2) La méthode que nous suivons pour l'instruction de la jeunesse paraît nouvelle quoique dans le fond elle soit aussi ancienne que les premières connaissances humaines. Il est vrai qu'elle ne ressemble pas à la manière dont on enseigne; mais elle est la manière dont les hommes se sont conduits pour créer les arts et les sciences.

(3) On suppose que les enfants sont incapables des connaissances qui demandent quelque réflexion; et on attend pour leur donner des connaissances qu'ils aient un certain âge, qu'on nomme l'âge de raison, et qu'on ne fixe pas. On dirait qu'il y a dans la vie un moment où la raison, que nous n'avions pas le moment

(1) Nous avons tous le germe de toutes les vertus et de tous les vices.

(2) La vérité d'un fait ne dépend pas de l'explication qu'on en donne.

(3) On réfléchit à tout âge. La pensée est la vie de la raison comme l'espérance est la vie du cœur.

d'auparavant, nous est tout-à-coup infuse. Voyons quelle est la cause de ce préjugé.

Dans l'origine des sociétés, il n'y avait encore ni arts, ni sciences. Toutes les connaissances se bornaient à quelques observations que le besoin avait fait faire, et qui étaient en trop petit nombre pour qu'on sentît la nécessité de les distribuer dans différents corps. Lorsque les observations en tout genre se furent multipliées, on eut besoin d'y mettre l'ordre, et c'est alors qu'on les distribua par classes. On fit une collection de celles qui appartenaient à l'Agriculture, une autre de celles qui concernaient l'astronomie, les sciences et les arts déjà cultivés.

(1) Pour ne rien confondre dans ces collections, on réduisit à des principes généraux les observations qu'on avait faites. Par ce moyen toutes les connaissances se trouvèrent exprimées d'une manière abrégée, et il fut facile de les parcourir en descendant des plus générales aux moins générales. Ceux qni rédigèrent ainsi les connaissances humaines, parurent avoir créé les sciences. Leur méthode était bonne pour eux et pour toutes les personnes qu'ils supposaient instruites. Mais il est évident qu'elle exposait

(1) Ce qu'on appelle des principes sont des réflexions des savans sur des faits connus d'avance.

les connaissances dans un ordre contraire à celui dans lequel on les avait acquises. Car enfin on n'avait pas commencé par des principes généraux, on avait commencé par des observations. Cependant parceque cette méthode était claire, qu'elle était même la plus simple pour ceux qui avaient observé, on jugea qu'elle devait être encore la plus propre à l'instruction et l'on oublia qu'on s'était instruit par une autre méthode. Au lieu donc de conduire les enfants d'observation en observation, comme des ignorants qu'on veut instruire, on commença avec eux comme s'il avaient été instruits, et qu'il ne restât plus qu'à mettre de l'ordre dans leurs connaissances. Ils ne purent rien comprendre aux principes généraux parceque ces principes supposaient des observations qu'on ne leur avait pas fait faire et ce fut alors qu'on dit : *ils ne sont pas capables de connaissances ; il faut attendre qu'ils aient l'Age de raison.* Mais il n'y a point d'âge ou l'on puisse comprendre les principes généraux, si l'on n'a pas fait les observations qui conduisent à ces principes. (1) L'âge de raison est donc celui où l'on a observé ; et par conséquent, la raison viendra de bonne heure si nous engageons les enfans à faire des observations.

(1) Il ne faut pas apprendre à connaitre les plantes dans Linnée, il faut vérifier Linnée en regardant les plantes.

(1) Pour savoir comment nous devons nous conduire avec eux, la première précaution à prendre est de savoir comment nous concevons nous-mêmes les choses que nous avons apprises. Il faut décomposer l'esprit humain, c'est-à-dire observer les opérations de l'entèndement, des habitudes de l'âme et la génération des idées.

(2) Aussitôt que cette analyse est faite, le plan d'instruction est trouvé; on sait du moins par où l'on doit commencer, et il n'en faut pas davantage. On verra que la vraie méthode est de conduire un élève du connu à l'inconnu; qu'il suffit par conséquent de commencer par ce qu'il sait pour lui apprendre ce qu'il ne sait pas encore, et qu'en reprenant à chaqne connaissance qu'on lui a donnée, on pourra le faire passer (3), sans efforts, à une connaissance nouvelle. Il faudra seulement être attentif à ne franchir aucune des idées intermédiaires; encore cette précaution deviendra-t-elle inutile, lorsque son esprit plus exercé, les pourra suppléer.

---

(1) Il faut questionner les enfans seulement sur ce qu'ils ont appris.

(2) Quand l'homme veut s'instruire il faut qu'il compare entr'elles les choses qu'il connait et qu'il y rapporte celles qu'il ne connaît pas encore.

(3) On ne retient que ce qu'on répète. Si la répétition est continue on va vite; si elle ne se fait qu'à de longs intervalles et à force d'échanger de livres il faut bien du temps pour qu'elle opère son effet.

(1) Ce plan est simple. Il ne condamne pas le précepteur à étudier les sciences dans les systêmes qu'on a faits. Au contraire, il faut qu'il oublie touts les systêmes et qu'il paraisse les ignorer autant que son élève, qu'il commence avec lui, et aille avec lui d'observation en observation comme s'ils faisaient ensemble les mêmes découvertes. C'est ainsi que les peuples se sont éclairés. Pourquoi donc chercher une autre méthode pour nous éclairer nous-mêmes? Mais, dira-t-on, les peuples se sont instruits par des moyens bien lents, et leur enfance a duré plusieurs siècles. Comment donc, une méthode qui semble avoir ralenti les progrès de leur esprit, pourrait-elle s'employer dans une éducation qui doit finir après peu d'années?

(2) Je réponds que la nature a indiqué aux premiers hommes l'unique méthode des découvertes puisqu'elle les a mis dans la nécessité d'observer; et que s'ils n'ont fait d'abord que des progrès bien lents, ce n'est pas que cette méthode soit lente par elle-même, c'est que l'instrument avec lequel ils observaient ne leur était pas assez connu.

---

(1) Faites apprendre un livre à votre élève, lisez-le vous-même souvent, et vérifiez si l'élève comprend tout ce qu'il sait. Assurez-vous qu'il ne peut plus l'oublier; montrez-lui enfin à rapporter à son livre tout ce qu'il apprendra par la suite, et vous ferez de l'enseignement universel.

(2) L'enseignement universel est la méthode de la nature.

(1) Ils se seraient servis de leur esprit avec la même facilité qu'ils se servaient de leurs bras, si, dès le commencement, ils avaient connu les facultés de leur entendement aussi bien qu'ils connaissaient les parties de leur corps. Capables de régler toutes les opérations de la pensée, ils auraient bientôt appris à lui donner de nouvelles forces. Ils auraient trouvé des méthodes comme ils ont trouvé des leviers, et nous remarquerions en eux des progrès rapides, toutes les fois qu'ils auraient senti le besoin d'employer les forces de leur corps.

(2) Le progrès des connaissances humaines n'a donc été retardé, que parce que les hommes n'ont pas assez connu leur esprit ni assez senti le besoin de l'exercer.

(3) Par conséquent, pour faire usage dans l'éducation de l'unique méthode à laquelle nous devons tout ce que nous avons appris, il faut d'abord faire connaître à un enfant les facultés de son ame et lui faire sentir le besoin de s'en servir. Si l'on réussit à l'un et à l'autre, tout deviendra facile, car, au lieu d'imaginer autant de principes, autant de règles, autant de méthodes qu'on en distingue dans les arts et dans

---

(1) L'homme n'a pas comme on l'a dit une aptitude à l'esprit, il a l'esprit tout entier mais il n'a pas l'art.

(2) Dès que le besoin est satisfait l'attention se repose.

(3) Connais-toi toi-même, voilà le fondement de l'enseignement universel.

les sciences, on n'aura plus qu'à observer avec lui.

(1) Ce projet n'est pas impossible à exécuter, car si les facultés de l'entendement sont les mêmes dans un enfant que dans un homme fait, pourquoi serait-il incapable de les observer? Il est vrai qu'il les a exercées sur moins d'objets; mais enfin il les a exercées et souvent avec succès. Pourquoi donc ne pourrait-on par lui faire remarquer ce qui s'est passé en lui lorsqu'il a fait des raisonnements, lorsqu'il a eu des désirs, lorsqu'il a contracté des habitudes. Pourquoi ne pourrait-on pas lui faire remarquer les occasions où il a bien conduit ses facultés, celles où il les a mal conduites, et lui apprendre par sa propre expérience à les conduire toujours mieux? Quand on lui aura fait faire ces premières observations, il en exercera ses facultés avec plus de connaissance, dès lors il sera plus curieux de les exercer, et en les exerçant davantage, il se fera insensiblement une habitude de cet exercice.

(2) Dès qu'un enfant connaîtra l'usage des facultés de son esprit il n'aura plus qu'à être

(1) Touts les hommes ont une intelligence égale. — Dites-nous où finit le sens commun et où finit le génie. — Les sexes sont parfaitement égaux en fait d'intelligence.

(2) Écoutez, réfléchissez, écrivez, dites autre chose que ce qu'un autre a dit, dites le contraire, faites toutes les combinaisons et ne croyez jamais avoir tout dit.

bien conduit, pour saisir le fil des connaissances humaines, pour les suivre dans leurs progrès depuis les premières jusqu'aux dernières, et pour apprendre en peu d'années ce que les hommes n'ont appris qu'en plusieurs siècles. Il suffira de lui faire faire des observations lorsqu'il sera à portée d'en faire; et lorsqu'il ne pourra pas observer par lui-même, il suffira de lui donner l'histoire des observations qui ont été faites.

(1) Cette méthode a plusieurs avantages. Elle débarrasse nos études d'une multitude de superfluités, qui nous arrêtent sans nous instruire. Elle proscrit les sciences vaines, qui ne s'occupent que de mots ou de notions vagues et qu'on appelle *sciences premières ou élémentaires*, comme s'il fallait perdre du temps à ne rien apprendre pour se préparer à étudier un jour avec fruit! Elle écarte le dégoût qu'un enfant ne peu manquer d'éprouver, lorsque rencontrant, dès les commencements, des obstacles qu'il ne peut vaincre, condamné à charger sa mémoire de mots qu'il n'entend pas, il est puni pour n'avoir pas retenu ce qu'il n'a pas compris, ou pour n'avoir pas appris ce qu'il n'a pas senti la nécessité d'apprendre. Elle

(1) Ce n'est pas seulement pour commencer par les rudiments que nous nous égarons, c'est parce que nous ne savons pas même les rudiments en sortant du collége. On n'est pas savant par ce qu'on a appris, on est savant par ce qu'on a retenu.

l'éclaire au contraire et promptement, parce que dès la première leçon, elle le conduit de ce qu'il sait à ce qu'il ne savait pas. Elle excite sa curiosité parce qu'il juge aux connaissances qu'il acquiert de la facilité d'en acquérir d'autres, et que son amour propre, flatté de ses premiers progrès, lui fait désirer d'en faire encore (1).

Elle l'instruit presque sans effort de sa part, parce qu'au lieu d'établir des principes, elle réduit les sciences à l'histoire des observations, des expériences et des découvertes. Enfin, comme elle ne varie jamais, et qu'elle est la même dans chaque étude, elle lui devient tous les jours plus familière; plus il s'instruit plus il a de facilité à s'instruire; et si le temps de son éducation a été trop court, il peut sans secours et par lui-même acquérir seul les connaissances qu'on ne lui a pas données.

Je conviens que l'éducation qui ne cultive que la mémoire peut faire des prodiges et qu'elle en fait, mais ces prodiges ne durent que le temps de l'enfance. D'ailleurs ce n'est pas sur les enfants qui sont nés avec d'heureuses dispositions que cette méthode (2) a plus de succès; ils sont au contraire un éloignement naturel pour des études où la réflexion n'a point

(1) Il faut vouloir en toutes choses. Plus l'intelligence rencontre d'obstacles plus elle en surmonte quand elle a l'envie de plaire.

(2) Ne louez jamais la nature mais le travail et la vertu.

de part, et où la mémoire ne se remplit que de mots; Aussi montrent-ils peu de talents, et si par la suite ils se distinguent, c'est qu'ils ont eux-mêmes recommencé leur éducation. Mais combien d'inutilités ont-ils à oublier! Combien de préjugés à détruire! Combien d'idées fausses à corriger!

(1) C'est donc à la réflexion à préparer les matériaux de nos connaissances, à les mettre en ordre dans la mémoire, à en règler toutes les proportions; et celui qui n'a pas appris à réfléchir n'est pas instruit, ou il l'est mal ce qui est pire encore.

(2) Comme le corps paraît se mouvoir par instinct lorsqu'il obéit à ses mouvements d'habitude, l'ame paraît penser par inspiration, lorsqu'elle obéit à ses liaisons d'idées: l'un et l'autre doivent à leurs habitudes toutes les grâces et touts les talents dont ils sont susceptibles. C'est ainsi que le goût se forme par les habitudes que nous avons contractées.

Il n'est que le résultat de plusieurs idées que nous avons liées; et ces liaisons conservent en nous des modèles que nous n'examinons plus et d'après lesquels nous jugeons rapidement du beau

---

(1) Un quart d'heure de méditation sur vos lectures vaut mieux que plusieurs mois employés à lire.

(2) Tout le monde sait la Logique.

(1) Mais quoique les habitudes se soient acquises par une suite de comparaisons et de jugements, il ne s'en suit pas que nous y ayons toujours assez réfléchi avant de les contracter. La facilité avec laquelle nous les acquérons ne le permettait pas. Voilà pourquoi elles sont bonnes ou mauvaises ; si elles sont les principes de toutes les grâces et de touts les talents, elles sont aussi la cause de touts nos défauts et de toutes nos erreurs. Locke a remarqué que la folie vient uniquement de quelques associations d'idées, c'est-à-dire de quelques faux jugements d'après lesquels nous nous sommes fait une habitude de juger. Ce sont de pareilles associations qui nous font un mauvais goût et un esprit mauvais.

On n'avait pas créé les arts et les sciences lorsque les peuples ont commencé à s'instruire. Il faut donc qu'un enfant s'instruise sans savoir qu'il y a des arts et des sciences. Il faut qu'il refasse lui-même ce que les peuples ont fait ; je veux dire que c'est à lui à généraliser ses idées à mesure qu'il en acquiert. Lorsque de la multitude des connaissances qui s'accumulent dans son esprit et de la multitude des rapports qu'il appercevra entre elles, il verra naître les principes généraux et les règles générales,

(1) On peut maîtriser ses goûts et ses penchans.

alors on lui fera remarquer que ces principes et ces règles auparavant inutiles à son instruction, lui deviennent nécessaires pour mettre de l'ordre dans les connaissances. En le conduisant d'après cette méthode, il fera lui-même différentes distributions des choses qu'il aura apprises, et il paraîtra créer à son tour les arts et les sciences.

On n'a fait, par exemple, des recherches sur l'art de parler que lorsqu'on a pu autoriser les tours que l'usage autorise : on n'a observé ces tours qu'après que les grands Écrivains en eurent enrichi les langues, et il y a eu des poètes et des orateurs avant qu'on imaginât de faire des grammaires, des poétiques et des rhétoriques. Il serait donc inutile et même peu raisonnable d'enseigner ces arts à un enfant qui n'aurait pas encore appris de l'usage les tours propres à sa langue, et qui, par conséquent, n'étant pas capable de sentir le beau, n'est certainement pas capable de juger s'il a des règles.

(1) Nous croyons donc que pour former le goût de nos élèves, nous devons leur donner des modèles du beau, et nous appliquer surtout à les leur rendre familiers en leur fesant lire et relire les meilleurs Écrivains. Ils remarquent ainsi que l'art de parler, l'art d'écrire, l'art de

(1) Apprenez un livre et rapportez-y tous les autres. Exercez donc la mémoire de vos élèves par des répétitions perpétuelles.

raisonner et l'art de penser, ne sont dans le fond, qu'un seul et même art.

En effet, quand on sait penser on sait raisonner, et il ne reste plus, pour bien parler, et pour bien écrire, qu'à parler comme on pense et à écrire comme on parle (1).

Si l'on considère d'ailleurs combien, sans l'usage des signes, nous serions bornés dans nos connaissances; on jugera que, si nous avions moins de mots, nous aurions moins d'idées, et que par conséquent nous serions moins capables de raisonner. L'art de parler n'est donc que l'art de penser, et l'art de raisonner qui se développe à mesure que les langues se perfectionnent; et il devient l'art d'écrire lorsqu'il acquiert toute l'exactitude et toute la précision dont il est susceptible. Mais quoique dans le vrai, touts ces arts se réduisent à un seul, et qu'il soit même utile de les considérer sous ce point de vue, afin de les ramener aux mêmes principes, il est cependant nécessaire de les traiter séparément quand on veut suivre le développement de nos facultés et les progrès de nos connaissances (2).

---

(1) Tout est dans tout; ce n'est pas là la maxime de tous les savans, mais c'est celle de Descartes et de Newton, ce qui pourtant ne prouve rien

Cet axiome est la base non pas de notre théorie, (nous n'avons pas de théorie) mais des exercices que l'on doit faire faire à l'élève, qu'il sache quelque chose, qu'il le répète perpétuellement et qu'il y rapporte tout.

(3) Il y a dans une langue une infinité de langues particulières.

(1) Les vraies connaissances sont dans la réflexion qui les acquiert beaucoup plus que dans la mémoire qui s'en charge, et on sait mieux les choses qu'on est capable de retrouver que celles dont on peut se ressouvenir. Il ne suffit donc pas de donner des connaissances à un enfant : il faut qu'il s'instruise en recherchant lui-même, et le grand point est de le bien guider. S'il est conduit avec ordre il se fera des idées exactes; et il en saisira la suite et la liaison : alors maître de les parcourir, il pourra se rapprocher des plus éloignées, et s'arrêter à son choix sur celles qu'il voudra considérer. La réflexion peut toujours trouver les choses qu'elle a sues, parce qu'elle sait comment elle les a trouvées : la mémoire ne retrouve pas de même les choses qu'elle a apprises par ce qu'elle ne sait pas comment elle apprend. Voilà pourquoi nous ne savons jamais mieux les choses que lorsque nous les avons apprises sans maître (2). Moins nous comptons sur les secours étrangers, plus nous sommes forcés à réfléchir sur nous mêmes, et nous n'oublions rien parce que les choses que nous avons trouvées une fois nous savons les trouver encore.

---

(1) C'est un préjugé de la science de croire que ce qu'on sait n'est pas un fardeau pour la mémoire.

(2) S'instruire ne vient pas du maître.

(1) Mais pour exercer la réflexion, il ne faudrait pas négliger la mémoire. Ces deux facultés sont également nécessaires, elles se donnent des secours mutuels, et ne peuvent se passer l'une de l'autre.

C'est à la réflexion à graver les idées dans la mémoire, c'est à la mémoire à les retracer à la réflexion; plus les idées se sont distribuées avec ordre plus on est capable de mémoire et de réflexion.

(2) Avant d'étudier les règles de l'art de parler, il faut être familiarisé avec les beautés du langage, il faut être capable de parler bien et de bien des choses, et l'étude de la grammaire serait plus fatiguante qu'utile si on la commençait trop tôt. En effet pour savoir les règles de l'art de parler, il ne suffit pas de les entendre et de les avoir apprises par cœur, il faut encore s'être fait une habitude de les appliquer.

(3) Pourquoi avons-nous tant de peine à nous familiariser avec les sciences qu'on nomme abstraites? C'est que nous les étudions avant d'avoir fait d'autres études qui doivent nous y préparer; c'est que ceux qui nous les enseignent nous parlent comme à des personnes instruites,

---

(1) Ayez confiance dans l'esprit d'un enfant, mais vous ne vous défierez jamais assez de sa mémoire

(2) La rhétorique et la raison n'ont rien de commun.

(3) Le plus petit enfant est capable de comprendre les termes les plus abstraits.

et nous supposent des connaissances que nous n'avons pas. Toutes les études seraient faciles si conformément à l'ordre de la génération des idées, on nous fesait passer de connaissance en connaissance, sans jamais franchir aucune idée intermédiaire ou du moins en ne supprimant que celles qui peuvent facilement se suppléer.

Les bornes d'un discours ne me permettent pas de joindre à toutes ces assertions, le détail minutieux des preuves sans nombre que nous donnent les expériences faites depuis vingt-quatre siècles chez les premiers peuples civilisés par l'étude des arts et des sciences.

Cependant, Messieurs, j'aime à le dire au milieu de vous, je me fais gloire de défendre l'enseignement universel, non seulement afin d'offrir un témoignage public de reconnaissance à celui qui le premier en a étendu l'application aux études de touts les âges, mais encore par ce que l'homme juste doit se proposer comme un devoir sacré, l'obligation de découvrir à ses semblables, ce qui peut contribuer à leur bonheur. Nous devons nous aider mutuellement; le bien être général, l'harmonie de la société résultent de l'observance de ce précepte si connu quoique souvent négligé : Que pourrait-il donc alléguer pour sa justification, l'instituteur qui dépositaire de l'autorité des parents, et chargé de cultiver des jeunes ames, oserait avec l'intime couviction de l'efficacité d'une méthode d'enseignement, en suivre une autre moins propre à faciliter les p ogrès de ses élèves; qui traînerait péniblement ces malheureux d'ornière en ornière, pour les abandonner après les avoir égarés, trompés, tourmentés pendant les plus belles années de la vie. Cet instituteur serait-il à l'abri du blâme, en avouant comme Quintilien que durant les vingt années d'enseignement, il a cru devoir suivre une mauvaise route pour se soumettre à la Tyrannie de la coutume, ménager les préjugés de ses contemporains aux dépens de la jeunesse qu'on lui confiait? Lorsque notre santé s'altère, aurions nous recours au médecin savant, capable de nous guérir en peu d'heures, mais qui, pour traiter le mal méthodiquement, nous ferait languir jour et nuit dans les souffrances.

(1) Lorsqu'on est de bonne foi on convient qu'il ne peut y avoir deux méthodes différentes également bonnes pour acquérir des connaissances, car alors elles n'en formeraient qu'une seule. Celle que nous suivons aujourd'hui diffère essentiellement de l'ancienne. Je regrette amè-

---

(1) Il n'y a pas deux manières de regarder, de comparer, de rechercher.

rement le temps que cètte dernière m'a fait perdre, et touts les jours je me félicite d'avoir adopté l'autre. Si j'ose me flatter que nos expériences paraîtront dignes d'attention, c'est que je vois dans cette Assemblée des Magistrats qui s'occupent des progrès de l'enseignement avec sollicitude, des parents qui nous honorent de leur confiance, et des personnes éclairées qui s'intéressent à tout ce qui peut être utile à l'humanité. Et vous, tendres mères, vous qui ressentez la douleur qu'éprouvent vos enfants, qui jouissez en leur voyant le sourire sur les lèvres, apprenez que le fondateur de l'enseignement universel a trouvé le moyen de les instruire sans les clouer sur des livres inintelligibles qu'ils arrosaient touts les jours de leurs larmes. Aujourd'hui lorsqu'ils veulent apprendre ils ne sont plus rebutés dès le premier pas. On les soutient, on les guide, on les éclaire, et connaissant mieux leurs devoirs, ils vous en aimeront davantage. Ce que les grands hommes et touts les siècles n'ont pu faire, un seul homme l'a fait. Que ne puis-je évoquer les mânes des sages de l'antiquité, et des temps modernes, les faire paraître ici comme juges de celui qui rappelle leurs conseils salutaires. Le sage Socrate et ses disciples, Platon, Aristippe, Xenophon, Aristote, Hyppocrate, le père de la médecine, le fameux Démosthènes, Cicéron, Horace, Sénéque, Quintilien et tant d'autres qui forment l'élite des anciens, rendraient justice au fondateur de l'enseignement universel. Pour augmenter ce glorieux triomphe, la voix de quelques St Pères qui ont traité des sciences humaines se joindraient aux autres. J'entends St Jérome s'écrier : *Qu'il est difficile de rajeunir le monde sur ses opinions et de l'obliger à abandonner de vieilles erreurs! Commencez* dit St Bernard, *commencez votre étude par la connaissance de vous-même.* St Augustin croit que *les enfants apprennent tout quand ils le veulent ;* et le docteur Séraphique assure qu'il *est à craindre celui* qui sait un livre. Interrogeons cette foule de modernes, le chancelier Bacon, Locke, Newton, Leibnitz, Pascal, Descartes, Bossuet, Fénélon, le judicieux Rollin, Fleury, Clairaut, Dumarsais, l'éloquent Buffon, Pluche, Condillac, Batteux, Radonvilliers, de la Harpe.......

Nous n'entendons qu'une voix : Honneur, gloire à JACOTOT ! Il a exécuté ce que chacun de nous aurait entrepris s'il avait eu l'espoir de réussir. Nos écrits l'attesteront aux yeux clairvoyans des hommes qui jugent sans prévention.

Que pouvons-nous ajouter à ces témoignages ?

Les lumières de l'expérience. Nous les suivrons, Messieurs, sans crainte de nous égarer. Je le répète, je ne vois ici qu'une famille ; si quelque erreur s'est glissée dans ce que j'ai voulu vous exposer, je vous devrais de la connaître, et la première preuve de ma gratitude sera l'exécution de vos projets.

(1) Mais que dirons-nous, Messieurs, à ces hommes qui semblent trouver leurs délices dans des contradictions continuelles, qui jugent d'un ouvrage qu'ils n'ont pas lu ; condamnent, rejettent ce qu'ils ne *veulent* pas comprendre, et nient la possibilité d'une expérience sans avoir jamais tenté de la faire? Avant de leur répondre, rappelons-nous les paroles du prince des apôtres : *La charité est patiente et bénigne, elle ne se met pas en colère. Que toute amertume, colère, indignation, clameur, blasphême soit bannie d'entre vous.*

En écoutant cette exhortation, le calme qui renait dans notre ame vient étouffer un juste ressentiment. Ayons donc cette vraie charité, Messieurs, et suivons ce conseil évangélique : *Si votre frère pêche contre vous, allez, et reprenez-le secrètement, s'il vous écoute vous l'aurez gagné; s'il ne vous écoute point, pre-*

(1) On n'avoue jamais sa conviction quand on a intérêt de n'être pas convaincu.

nez une ou deux personnes avec vous, que s'il ne les écoute pas encore, dites-le à l'Eglise. Mais à qui adresserons-nous ces paroles de paix? Jusqu'à présent notre charité n'est guère méritoire : où sont les frères qu'il faut reprendre? on ne les connait pas; ils sont invisibles quoiqu'ils se targuent dans des écrits anonymes de la supériorité de leurs connaissances. Semblables à ces oiseaux qui, cachés pendant le jour près des habitations, viennent durant la nuit troubler le repos des hommes; ils révèlent leur existence par des cris importuns sans se faire connaitre. Il en est cependant qui, moins circonspects, s'avancent pour combattre et se blessent de leurs propres armes. (1) Ils savent, comme dit l'Ecriture, que *le grand parleur sera terrible dans sa ville*, mais ils oublient *que l'homme précipité dans ses discours, sera haï*; à ceux-ci comme aux autres nous répéterons, en finissant ce proverbe du grand Salomon : *Celui qui répond avant que d'écouter, fait voir qu'il est insensé et digne de confusion.*

Quand la raison parle et qu'elle est écoutée, les disputes cessent, les discussions deviennent plus rares, et les beautés de l'éloquence ne sont que des prestiges qui s'évanouissent pour

(1) Les méchans savent bien qu'ils ont tort.

laisser voir la vérité brillant de sa propre lumière.

EXTRAITS.

(SOCRATE).

Celui qui sait ce qu'il doit faire et ne le fait pas est un fou qui se prépare des tourments sans nombre; celui qui l'ignore et qui croit le savoir est un imbécille. Celui qui avoue son ignorance est dans le chemin des connaissances et du bonheur. Le grand point est de commencer par se connaître soi-même.

(QUINTILIEN, *Institution de l'Orateur*)

Tout ce que nous avons aujourd'hui de plus excellent n'a pas toujours été..... Qu'eut-il été des siècles où l'on ne pouvait proposer aucun modèle, si les hommes de ces temps-là eussent crû ne devoir rien imaginer, rien faire que ce qui leur était déjà connu. Assurément on n'aurait jamais rien inventé. Pourquoi donc nous serait-il défendu de trouver quelque chose qui n'ait point été avant nous.

(SENÈQUE, *Epitres*).

Pourquoi enseignons-nous aux enfants les belles-lettres et les sciences? C'est parce que nous considérons ces connaissances comme des moyens qui peuvent les rendre vertueux.

(St BERNARD).

Commencez votre étude par la connaissance de vous-même, c'est en vain que vous étendez votre connaissance aux choses qui vous sont étrangères en vous oubliant vous-même.

(St JEROME).

On efface difficilement les premières impressions des jeunes gens. La laine qui a une fois pris la teinture ne la perd pas aisément pour revenir à sa première blancheur.

(BACON, *du rétablissement des sciences*).

Les hommes ne connoissent bien ni leurs richesses, ni leurs forces; jugeant celles-là plus grandes qu'elles ne sont, et celles-ci plus petites. Tantôt persuadés que tout a été dit, et que nous sommes venus trop tard pour prétendre à des découvertes; ils croient savoir tout ce qu'il est possible de connoître, et ils estiment sottement jusqu'à des sciences qu'ils n'entendent pas. D'autres fois se méfiant trop d'eux-mêmes, ils d'ésespèrent de pénétrer dans la nature, qui leur paroît incompréhensible, et ils se consument dans des occupations frivoles. On diroit que les Grecs, et après eux les Barbares ont élevé des colonnes au dernier terme où ils sont arrivés, et nous avons la simplicité de croire que nous ne pouvons pas aller plus loin.

Après avoir jeté un coup-d'œil sur quelques

effets, les philosophes se sont hâtés de faire des principes généraux: et comme si la vérité devoit leur être révélée par une inspiration intérieure, ils ont interrogé leur imagination, et accommodant la nature à leurs principes, ils ont rendu des oracles.

Il semble qu'on ait senti la nécessité d'une bonne méthode; mais on y a pensé trop tard, et lorsque l'esprit, imbu des préjugés, avoit déjà contracté toutes sortes de mauvaises habitudes. La dialectique n'a jamais été propre à le corriger : elle l'entretient plutôt et le confirme dans ses erreurs, parce que ce n'est qu'un jargon qui apprend à disputer sur tout, et qui n'apprend point à se faire des idées. Il faut d'autres machines que les règles des syllogismes pour aider l'esprit.

Il seroit ridicule de prétendre faire mieux qu'on a fait, si nous n'avions pas d'autres moyens que ceux qui ont été employés jusqu'à présent. Mais si connoissant la foiblesse de notre esprit, nous l'aidons des secours dont il a besoin, il sera raisonnable de se promettre plus de succès. Celui qui élève de grands poids avec un levier, ne se pique pas d'être plus fort que celui qui se sert seulement de ses bras. Nous n'avons donc pas la vanité de nous croire supérieurs en génie : mais le hasard nous a fait trouver un levier, et nous nous proposons de nous en servir.

Il s'agit d'abord d'écarter les préjugés, espèces d'idoles, dont l'ignorance et la superstition font l'objet de notre culte. Non-seulement les préjugés nous ferment le chemin de la vérité; mais encore, lorsque nous y sommes engagés, ils s'offrent continuellement à nous, semblables à ces fausses lueurs, qui se montrent dans les ténèbres, et qui nous égarent.

Les premiers préjugés sont ceux que je nomme *idola tribus*.

Ces préjugés de famille sont en grand nombre, parce qu'ils sont fondés sur la nature de l'entendement, qui, d'ordinaire, accommode tout à lui, au lieu de s'accomoder aux choses. Trop paresseux pour analyser la nature, nous nous hâtons d'abstraire, et de nous faire des principes généraux: nous supposons des ressemblances parfaites, lorsqu'au premier coup-d'œil nous ne voyons pas de différence; nous imaginons un certain ordre, que nous nommons régulier, parce que nous le concevons plus facilement: nous aimons à juger d'après les premières impressions que nous avons reçues dans l'enfance, trouvant plus commode de les prendre pour règles que de les rappeler à l'examen: nous nous arrêtons sur les choses qui nous frappent immédiatement les sens, pour n'avoir pas la peine de porter la vue au-delà; enfin, toujours jouets de nos passions, si elles changent, nous ne tenons plus à nos opinions; si elles ne changent pas, nous y tenons avec opiniâtreté. C'est que notre esprit qui se repose dans ces principes généraux, dans ces ressemblances, dans cet ordre prétendu régulier, dans tout ce qui lui plaît, croit n'avoir plus rien à changer. Telles sont les principales causes des *préjugés de famille*.

Une autre espèce de préjugés, que je nommerai *idola specus*, ont leur source dans le tempéramment de chaque individu, dans son éducation, dans ses habitudes, et dans les circonstances particulières, ou même fortuites où il s'est trouvé. Par ce concours de causes, qui produit une infinité de préjugés différents, notre entendement devient comme un antre obscur, où la lumière ne pénètre jamais, et où nous prenons des ombres pour des choses réelles.

Dans le commerce que les hommes ont entre eux, il se communique mutuellement des préjugés que chacun se fait à soi-même, et que je nomme *idola fori*. Ces préjugés viennent du vice des langues, qui est tel, que nous faisons prendre à ceux qui croient juger comme nous, des opinions que nous n'avons pas. Car les mots que l'usage fait, sont si mal déterminés, qu'on a souvent bien de la peine à saisir notre pensée, et que nous en avons tout autant à l'expliquer. On croit corriger ce défaut avec des définitions. Mais les définitions sont composées de mots; en sorte qu'il arrive que les mots ne produisant que des mots, nous nous embarrassons de plus en plus. Combien de questions, d'opinions et de disputes sont nées du seul abus du langage?

Enfin il y a des préjugés qui nous viennent des chefs de secte, et que j'appelle *idola theatri;* parce que les systêmes philosophiques ne sont que des fables, ainsi que les pièces qu'un poëte met sur le théâtre. Seulement les philosophes observent un peu moins les règles de la vraisemblance.

(LOCKE. *Essai sur l'entendement*).

Malgré le bruit que l'on fait dans le monde, à propos d'erreurs et d'opinions, je dois au genre humain de dire qu'il y a moins d'hommes dans l'erreur qu'on ne le suppose communément. Non que je pense qu'ils s'attachent à la vérité; mais en effet parce qu'ils n'ont aucune idée, aucune connaissance de ce dont ils parlent.

(PASCAL. *Pensées*).

Pourquoi suit-on la pluralité? est-ce à cause qu'ils ont plus de raison? non, mais plus de force. Pourquoi suit-on les anciennes lois et les anciennes opinions? est-ce qu'elles sont plus saines? non, mais elles sont uniques et nous ôtent la racine de la diversité.

(LEIBNITZ. *Erreur en matière de religion*).

Il faut que les hommes se trompent souvent puisqu'il y a tant de dissentions entre eux. Les raisons de cela se peuvent réduire à ces quatre: 1° Le manque de preuves. 2° Le peu d'habileté à s'en servir. 3° Le manque de volonté d'en faire usage. 4° Les fausses règles de probabilités.

(NICOLE, *Logique de Port Royal*).

La principale application qu'on devrait avoir, serait de former son jugement et de le rendre aussi exact qu'il peut l'être, et c'est à quoi devrait tendre la plus grande partie de nos études.

(CONDILLAC).

On dit communément qu'il faut des principes. On a raison; mais je me trompe fort ou la plupart de ceux qui répètent cette maxime ne savent guère ce qu'ils exigent. Il me parait même que nous ne comptons pour principes, que ceux que nous avons nous-mêmes adoptés; et en conséquence nous accusons les autres d'en manquer quand ils refusent de les recevoir. Si l'on doit avoir des principes, ce n'est pas qu'il faille commencer par-là pour descendre ensuite à des connaissances moins générales; mais c'est qu'il faut avoir bien étudié les vérités particulières et s'être élevé d'abstractions en abstractions, et, par une suite d'analyse, jusqu'aux propositions universelles. Ces sortes de principes sont naturellement déterminés par les connaissances particulières qui y ont conduit, on en voit toute l'étendue et l'on peut s'assurer de s'en servir toujours avec exactitude. Dire qu'un homme a de pareils principes, c'est donner à entendre qu'il connait parfaitement les arts et les sciences dont il fait son objet, et qu'il apporte partout de la netteté et de la précision.

(ARISTOTE, *Poétique*).

Nous avons touts pour l'imitation un penchant qui se manifeste dès notre enfance. L'homme est le plus imitatif des animaux, c'est même une des propriétés qui nous distingue d'eux: c'est par l'imitation que nous prenons nos premières leçons.... Touts les hommes en général ont du plaisir à apprendre; et pour apprendre il n'est point de voie plus courte que l'image.

(CICÈRON. *Des vrais biens*).

Nous naissons touts avec une si forte passion d'apprendre et de savoir, qu'on ne peut douter que la nature nous y porte d'elle-même sans nous y inviter par aucune utilité. Ne voyons-nous pas quelquefois qu'on ne peut pas même par le châtiment empêcher les enfants d'être curieux ? ne voyons-nous pas comme ils reviennent à la charge quand on les a rebutés; comme ils sont ravis d'apprendre quelque chose qu'ils pétillent d'aller raconter aux autres; et comme ils sont attachés aux jeux, aux pompes et aux spectacles, jusqu'à en souffrir la faim et la soif.

(SENEQUE. *Des biens et des maux*).

Nous avons dans nous les premiers principes de touts les arts.

(VIRGILE. *Georgiques*).

Un travail obstiné vient à bout de tout vaincre.

(SÉNÈQUE. *Epitres*).

Il n'y a rien dont une étude opinâtre et un soin exact et assidu ne puissent triompher.

(P. SYRUS).

L'esprit de l'homme obtient tout ce qu'il se commande.

(NEWTON. *Lettre au docteur Bentley*).

Croyez-moi, si mes recherches ont produit quelques résultats utiles, ils ne sont dûs qu'au travail et à une *pensée patiente*. - Je suis parvenu à mes découvertes en y pensant toujours.

(PASCAL. *De l'art de persuader*).

Rien n'est plus commun que les bonnes choses : il n'est question que de les discerner; et il est certain qu'elles sont toutes naturelles et à notre portée, et même connues de tout le monde. Mais on ne sait pas les distinguer. Ceci est universel. Ce n'est pas dans les choses extraordinaires et bizarres que se trouve l'excellence de quelque genre que ce soit. On s'élève pour y arriver et on s'en éloigne. Il faut le plus souvent s'abaisser. Les meilleurs livres sont ceux que chaque lecteur croit qu'il aurait pu faire; la nature qui seule est bonne est toute familière et commune.

Je ne fais donc pas de doute que ces règles étant les véritables, ne doivent être simples, naïves, naturelles comme elles le sont. Ce ne sont pas Barbara et Baralipton qui forment le raisonnement. Il ne faut pas guinder l'esprit; les manières tendues et pénibles le remplissent d'une sotte présomption par une élévation étrangère et par une enflure vaine et ridicule, au lieu d'une nourriture saine et vigoureuse. L'une des raisons principales qui éloigne le plus ceux qui entrent dans les connaissances du véritable chemin qu'ils doivent suivre, est l'imagination qu'on prend d'abord que les bonnes choses sont inaccessibles, en leur donnant le nom de grandes, hautes, élevées, sublimes. Cela perd tout. Je voudrais les nommer basses, communes, familières. Ces noms-là leur conviennent mieux; Je hais les mots d'enflure.

(BOSSUET. *Conseils au Dauphin*).

C'est en veillant, disait sagement Caton, ainsi que Salluste l'a rapporté, *c'est en agissant, c'est en prenant bien son parti qu'on a d'heureux succès. Mais livrez-vous à une lâche indolence, vous implorerez en vain les Dieux; ils sont en colère et disposés à vous nuire.* Voilà en effet ce qui arrive.

Dieu ne nous a pas donné pour n'en pas faire usage, le flambeau qui nous éclaire sans discontinuation, cette faculté de nous rappeler le passé, de connaître le présent, de prévoir l'avenir; quiconque ne daignera pas mettre à profit ce don du ciel, c'est une nécessité qu'il ait Dieu et les hommes pour ennemis. Car il ne faut pas s'attendre ou que les hommes respectent celui qui méprise ce qui le fait homme, ou que Dieu protège celui qui n'aura fait aucun état de ses dons les plus excellents.

(LEIBNITZ. *De l'erreur*).

Il est bien difficile de contenter en même tems la raison et la coutume. Quant à ceux qui manquent de capacité il y en a peut-être moins qu'on ne pense, je crois que le bon sens avec l'application peuvent suffire à tout ce qui ne demande pas de la promptitude.

(FLEURY. *Du choix et de la méthode des études*).

On a dit que les femmes n'étaient pas capables d'études comme si leurs ames étaient d'une autre espèce que celle des hommes, comme si elles n'avaient pas aussi bien que nous, une raison à conduire, une volonté à régler, des passions à combattre, une santé à conserver, des biens à gouverner, ou s'il leur était plus facile qu'à nous de satisfaire à tous ces devoirs sans rien apprendre.

(ROLLIN. *Traité des études*).

On voit tous les jours qu'à mesure que les sciences passent chez de nouveaux peuples; elles les transformeut en d'autres hommes et qu'en leur donnant des inclinations et des mœurs plus douces, une police mieux réglée, des lois plus humaines, elles les tirent de l'obscurité où ils avaient langui jusques là, et de la grossiéreté qui leur était naturelle; ils deviennent ainsi une preuve évidente, que dans les différens climats les esprits sont à peu près les mêmes, que les sciences seules y mettent une si honorable distinction : que selon qu'elles sont cultivées ou négligées, elles élèvent ou rabaissent les nations; qu'elles les tirent des ténèbres ou les y replongent; et qu'elles semblent décider de leur destinée.

(ROLLIN. *Traité des études*).

J'ai dit que le discernement était une espèce de raison naturelle perfectionnée par l'étude. En effet, tous les hommes apportent avec eux en naissant les premiers principes du goût aussi bien que ceux de la rhétorique et de la logique. Il en est ainsi de la musique et de la peinture.

CONDILLAC. (*Art de penser*).

C'est l'usage des signes et l'adresse à s'en servir qui fait toute la différence que l'on remarque dans les esprits.

(CONDILLAC. *Cours des études*).

Comme l'oreille entend les sons, l'ame entend les idées. Or comment l'ame entend-elle les idées? C'est en donnant son attention, en comparant, en jugeant, en réfléchissant, en imaginant, en raisonnant. L'entendement embrasse donc toutes les opérations; il n'en est que le résultat.

On donne à ces opérations le nom de faculté, et alors on ne veut pas dire qu'elles sont actuellement dans l'âme, on veut dire seulement que l'âme en est capable. Ce nom se donne aussi dans le même sens aux actions du corps. Nous avons la faculté de voir, de marcher, de comparer et de juger; parceque nous sommes capables de voir, de marcher, de comparer et de juger.

D'après ce que nous venons d'exposer dans cet article, on peut conclure que les opérations de l'entendement ne sont que la sensation même, qui se transforme en attention, en comparaison, en jugement, en réflexion.

(QUINTILIEN, *Institution de l'Orateur*).

Quelques uns ont crû qu'il fallait attendre que les enfants eussent au moins sept ans pour les appliquer à l'étude, persuadés qu'avant cet âge ils n'ont ni la force du corps, ni l'ouverture d'esprit nécessaire pour apprendre; et l'on a attribué ce sentiment à Hesiode jusqu'au tems du grammairien Aristophane, qui le premier a nié que l'ouvrage où ce précepte est contenu fut véritablement d'Hesiode. Mais plusieurs autres auteurs ont prescrit la même chose, entre lesquels est Eratosthene.

Pour moi j'aime mieux m'en rapporter à ceux qui ont cru avec Chrysippes, qu'il n'y avait dans la vie de l'homme aucun temps qui ne demandât du soin et de la culture : car quoique ce philosophe donne trois ans aux Romains, il veut pourtant que dès cet âge on accoutume les enfants au bien; or, qui empêche qu'on ne cultive leur esprit si l'on peut cultiver leurs mœurs? Je sais bien qu'on fera plus dans la suite en un an que l'on aura pu faire durant tout le temps qui a précédé; mais il me paraît néanmoins que ceux qui ont tant ménagé les enfants ont prétendu ménager encore plus les maîtres. Après tout que veut-on que fasse un enfant depuis qu'il commence à parler? Car enfin il faut bien qu'il fasse quelque chose; et si l'on peut tirer de ses premières années quelque avantage, si petit qu'il soit, pourquoi le négliger?.... Ne souffrons donc point qu'un enfant perde ses premières années dans l'oisiveté. Songeons que pour ces commencements de lettres il ne faut que de la mémoire, et que non seulement les enfants en ont, mais qu'ils en ont beaucoup plus que nous..... Il ne faut pas même appréhender que les enfants ne soient pas à l'épreuve du travail de l'étude : il n'y a point d'âge qui fatigue moins.

(St AUGUSTIN).

Apprendre une langue, ce n'est pas seulement mettre dans sa mémoire un grand nombre de mots, c'est encore observer le sens de chacun de ces mots en particulier. L'enfant parmi ses cris et ses jeux, remarque de quel objet chaque parole est le signe; il le fait, tantôt en considérant les mouvements naturels des corps que touchent ou qui montrent les objets dont on parle, tantôt étant frappé par la fréquente répétition du même mot pour signifier les mêmes objets. Il est vrai que le tempéramment du cerveau des enfants leur donne une admirable facilité pour l'impression de toutes ces images : mais quelle attention d'esprit ne faut-il pas pour les discerner, et pour les attacher chacun à son objet !

(FÉNÊLON. *Sur les moyens donnés à l'homme pour arriver à la vraie religion*).

On est trop frappé de la disproportion qui parait entre la grossiéreté de l'esprit de la plupart des hommes, et la hauteur des vérités qu'il faut entendre pour être véritablement chrétien.

Qu'est ce que les passions grossières, comme l'amour d'un seul, la jalousie, la haine, la vengeance, l'ambition et la curiosité ne font point deviner aux hommes les moins cultivés et les moins subtils? Qu'est-ce que les sauvages même ne pénétrent pas pour leurs intérêts?

Qu'est-ce que les hommes les plus vils n'ont point inventé pour la perfection des arts, quand l'avarice les a excités? Qu'est-ce qu'un enfant n'apprend pas depuis l'âge de deux ans jusqu'à celui de sept, soit pour discerner tous les objets qui l'environnent, pour observer leurs propriétés, leurs rapports et leurs oppositions, soit pour apprendre tous les termes innombrables d'une langue qui expriment avec précision et délicatesse tous ces objets avec leurs dépendances!

Voilà les ressources naturelles de l'esprit humain dans les hommes, même les moins cultivés. Il n'y a qu'à bien vouloir pour parvenir à toutes les choses qui ne sont pas absolument impossibles; aimez autant la vérité que vous aimez votre santé, votre vanité, votre liberté, votre plaisir, votre fantaisie, vous la trouverez.

On dit hardiment qu'un villageois n'a pas assez d'esprit pour apprendre son catéchisme, pendant qu'il apprend sans peine toutes les chansons malignes et impudentes de son village; pendant qu'il use des déguisements les plus subtils pour cacher ses débauches et ses larcins.

L'esprit de chaque homme s'étend ou se raccourcit suivant l'application ou l'inapplication où il vit. L'esprit est comme un cuir souple qui prête, il s'allonge et il s'élargit à proportion de la bonne volonté et de l'exercice.

(LOCKE, *Éducation des Enfans*).

La connaissance est aussi agréable à l'entendement que la lumière l'est aux yeux, et les enfans en particulier se plaisent extrêmement à acquérir de nouvelles connaissances, surtout s'ils voient qu'on écoute leurs demandes et qu'on excite et loue en eux le désir qu'ils ont d'être instruits.

(St RÉAL, *Usage de l'histoire*).

Ne dites point que les enfants sont incapables de réflexion. On ne saurait traiter trop tôt les enfans en hommes: dès qu'on peut parler on peut raisonner; cette opinion de l'incapacité des jeunes gens pour le raisonnement est une condescendance pour les maîtres plutôt que pour les disciples, parce que ces maîtres ne savent pas les faire raisonner, ils ont intérêt à dire que cela est impossible.

(FÉNÉLON, *Éducation des Filles*).

Avant que les enfants sachent entièrement parler, on peut les préparer à l'instruction. On trouvera peut-être que j'en dis trop; mais on n'a qu'à considérer ce que fait l'enfant qui ne parle pas encore, il apprend une langue qu'il parlera bientôt plus exactement que les savants ne sauraient parler les langues mortes qu'ils ont étudiées avec tant de travail dans l'âge le plus mûr.

(ROLLIN, *Traité des Études*).

Il y a dans les enfans, comme dans touts les hommes, un fonds naturel de curiosité, c'est-à-dire un désir de connaître et d'apprendre dont on peut profiter pour leur rendre l'étude aimable. Comme tout est nouveau pour eux, ils font des questions; ils interrogent, ils demandent le nom et l'usage de tout ce qui se présente à leurs yeux.

(LA BRUYÈRE, *Caractères*).

Qui doute que les enfans ne conçoivent, qu'ils ne jugent, qu'ils ne raisonnent conséquemment? Si c'est seulement sur de petites choses, c'est qu'ils sont enfans et sans une longue expérience; et si c'est en mauvais termes, c'est moins leur faute que celle de leurs parents ou de leurs maîtres.

L'on ne peut guère charger l'enfance de la connaissance de trop de langues et il me semble qu'on devrait mettre toute son application à l'en instruire. Un si grand fonds ne se peut bien faire que lorsque tout s'imprime dans l'âme naturellement et profondément que la mémoire est neuve, prompte et fidèle; que l'esprit et le cœur sont encore vides de passions, de soins et de désirs, et que l'on est déterminé à de longs travaux par ceux de qui l'on dépend. Je suis persuadé que le petit nombre d'habiles ou le grand nombre de gens superficiels vient de l'oubli de cette pratique.

(FLEURY, *Du choix et de la Méthode des Études*).

La providence a tellement disposé le corps des enfants, que lorsqu'ils ne sont point encore capables de travail ils demandent une grande quantité de nourriture qui les fait croître et fortifier. Il en est de même de l'âme : il n'y a point d'âge où l'on apprenne si facilement, et où l'on désire tant d'apprendre, que la première jeunesse encore incapable d'agir, au lieu que la vieillesse qui n'en est plus capable, est très-capable d'instruire, et y a grande inclination.

(BATTEUX, *Les beaux arts réduits à un principe*).

Aussitôt qu'un enfant ouvre les yeux de l'esprit, et qu'il voit l'univers, le ciel, les astres, les plantes, les animaux, tout ce qui l'environne le frappe, il fait mille questions, il veut savoir tout. C'est la nature qui le pousse, qui le guide, et elle le guide bien..... Il faudrait suivre ce rayon de lumière, satisfaire cette curiosité, la piquer de plus en plus par le succès. Mais on l'arrête, on l'étouffe en naissant, pour lui substituer une triste contrainte qui jette l'esprit dans des travaux que le dégoût rend infructueux et qui éteignent quelquefois pour toujours cette curiosité que la nature avait destinée à être l'aiguillon de l'esprit et le germe des sciences:

(LA HARPE. *Cours de littérature*).

Ce qui est d'une utilité générale, c'est le principe trop méconnu et que le sage Condillac pose pour base de toute sa conduite avec son élève, que les enfants sont beaucoup plus capables de raisonnement qu'on ne le croît d'ordinaire, pourvu qu'on ne les laisse raisonner que selon les forces de leur esprit. Un moyen de le rendre juste autant que la nature le permet c'est de graduer leurs idées et leurs connaissances de manière que la plus simple et la plus facile conduit à celle qui l'est moins et ainsi de suite, et qu'on ne leur mette jamais rien dans la tête dont ils ne puissent eux-mêmes se rendre compte. Condillac est en général l'esprit le plus juste et le plus lumineux qui ait contribué dans le 18e siècle aux progrès de la bonne philosophie.

(CONDILLAC).

Non seulement les enfans raisonnent, mais guidés par la nature, ils se conduisent mieux que les philosophes ne se conduisent communément; la méthode qu'ils suivent est cette méthode que nous nous fesons gloire d'avoir trouvée et que nous n'avons trouvée qu'après bien des siècles, car ils vont du connu à l'inconnu, observant, jugeant d'après leurs observations, et montrant une sagacité qui surmonte jusqu'aux obstacles que nous mettons au développement de leur raison. Ils ont déjà fait de grands progrès lorsqu'ils commencent à parler; ils en feraient sans doute encore, si, lorsque nous entreprenons de cultiver leur esprit, nous commencions par leur faire remarquer comment ils se sont instruits tout seuls, et si, après leur avoir fait sentir que la méthode qui leur a donné des connaissances, peut leur en donner encore, nous les conduisions d'observation en observation, de jugement en jugement, de conséquence en conséquence. Mais, parce que nous ne savons pas nous mettre à leur portée nous les accusons d'être incapables de raison et cependant notre ignorance fait seule toute leur incapacité.

(ARISTIPPE).

Comme ceux qui mangent beaucoup ne jouissent pas d'une meilleure santé que ceux qui se bornent à leur nécessaire, de même ce ne sont pas ceux qui ont lu davantage, ou appris le plus de choses qui doivent passer pour les plus habiles, mais ceux qui ont appris les plus utiles.

(HIPPOCRATE. *OEuvres.*)

La vie est si courte et l'art que nous exerçons exige une si longue étude, qu'il faut dès sa plus tendre jeunesse en commencer l'apprentissage. Voulez-vous former un élève, assurez-vous lentement de sa vocation.... Quand il sera instruit de vos dogmes clairement exposés dans des conférences réglées, et réduits par vos soins en maximes courtes et propres à se graver dans la mémoire, il faudra l'avertir que l'expérience toute seule est moins dangereuse que la théorie dénuée d'expérience; que ce n'est ni dans la poussière de l'école, ni dans les ouvrages des philosophes et des praticiens qu'on apprend à interroger la nature et attendre sa réponse.

(ARISTOTE. *Rhétorique*).

L'art de la rhétorique n'a été formé que sur les exemples, en observant ce qui persuadait et ce qui nuisait à la persuasion, et s'en faisant des règles, afin de ne le pas faire seulement par hasard et par habitude.

(HORACE. *Art poetique*).

Si vous instruisez en quelque genre que ce puisse être, soyez court dans vos préceptes, afin que l'esprit les saisisse sur le champ, qu'il les apprenne avec facilité, et les retienne fidèlement. Tout ce qui est de trop est comme la liqueur qui se répand d'un vase trop plein.

(TITE-LIVE *à son fils*).

Il faut lire Demothène et Ciceron jusqu'à ce que l'on soit parvenu au point de ressembler à l'un ou à l'autre.

(PLINE *Le jeune à Cornelius F[illegible]us*).

Souvenez-vous seulement de bien choisir les meilleurs livres dans chaque genre, car on a fort bien dit qu'il falloit beaucoup lire, mais non beaucoup de livres.

(SENEQUE. *Épitres*).

La voie des préceptes est longue, celle des exemples est courte et efficace.

(QUINTILIEN. *Institution de l'Orateur*).

Il vaut mieux s'attacher à un petit nombre d'auteurs choisis et les étudier à fond que de promener sa curiosité sur une multitude d'ouvrages qu'on ne peut qu'effleurer et parcourir rapidement.

(QUINTILIEN. *Institution de l'orateur*).

Lisons et relisons plusieurs fois une même chose comme les viandes qui nous servent de nourriture sont pilées et broyées par les dents avant que de descendre dans notre estomac, afin que la digestion s'en fasse plus aisément; il faut même que ce que nous lisons, loin d'entrer tout cru dans notre esprit, soit à force de méditation et d'examen, pour ainsi dire cuit et digéré avant que nous en chargions notre mémoire et que nous en fassions l'objet de notre méditation.

(QUINTILIEN. *Institution de l'Orateur*).

Il est certain que de lire un auteur avec un enfant, seulement pour lui apprendre à lire aisément et correctement le texte, ou même pour lui apprendre la force des mots, si par hasard il s'en rencontre quelquefois qui méritent une attention particulière, il est certain dis-je que c'est fort au-dessus de la profession des rhéteurs; mais de lui faire sentir les beautés d'une harangue ou bien les défauts lorsqu'il s'en trouve, c'est proprement l'affaire d'un homme qui se donne pour maître d'éloquence et un devoir dont il ne peut raisonnablement se dispenser. Car je ne demande pas qu'on lise avec lui chacun en particulier tous les livres qu'il lui prendront fantaisie de lire; c'est aux maîtres d'en ordonner, de choisir un auteur, de nommer ensuite un enfant pour en faire la lecture, tantôt l'un, tantôt l'autre, chacun à son tour, et d'obliger les autres à écouter, afin qu'ils apprennent en même temps à bien prononcer. Cette manière me paraît la plus utile et la plus commode.

(S. AUGUSTIN).

Un beau naturel acquiert plutôt l'éloquence, en lisant ou en écoutant des discours éloquents, qu'en étudiant des préceptes de l'éloquence.

(JOUVENCI. *Manière d'apprendre et d'enseigner*).

Il faut lire les meilleurs écrivains, de peur qu'un esprit encore neuf ne se gâte comme un vase et ne contracte dans la lecture d'un mauvais auteur un goût corrompu; il faut les lire souvent et longtemps; enfin les lire avec soin, en pesant ce qu'ils disent, pourquoi et comment il le disent.

(LA BRUYÈRE. *Caractères*).

L'étude des textes ne peut jamais être assez recommandée, c'est le chemin le plus court, le plus agréable pour tout genre d'éducation. Ayez les choses de la première main, puisez à la source; maniez, remaniez le texte; apprenez-le de mémoire, ayez-le dans les occasions, songez surtout à en pénétrer le sens dans toute son étendue et dans toutes ses circonstances. Conciliez un auteur original, ajustez ses opinions, tirez vous-même les conclusions.

(FLEURY. *Choix des études*).

Quand un enfant aurait lu quelque temps en sa langue des choses qu'il entendrait et où il prendrait plaisir s'il était possible, on commencerait à lui faire observer que toute cette écriture ne consiste qu'en vingt deux lettres, et que tous ces grands discours ne sont composés que de neuf genres de mots, qu'il y a deux sortes d'articles; qu'il y a des genres dans les noms, des temps et des personnes dans les verbes; des nombres dans les uns et dans les autres, et ainsi du reste. Lorsqu'il saurait un peu écrire, on lui ferait rédiger les histoires qu'on lui aurait contées, et on lui corrigerait les mots bas ou impropres, les mauvaises constructions et les fautes d'orthographe. On pourrait lui dire les règles des étymologies, et lui en apprendre plusieurs aux occasions.

Elles servent fort pour montrer la force des mots et de l'orthographe, et elles sont divertissantes. Ainsi avec peu de préceptes et beaucoup d'exercice, il apprendrait en deux ou trois années autant de grammaires qu'il en faut à un honnête homme pour l'usage de la vie; et plus que n'en savent pour l'ordinaire ceux qui ont passé 8 ou 10 ans au collège.

Au reste il faut exercer continuellement les

enfants par la lecture de quelque auteur qu'ils puissent entendre avec plaisir s'il se peut et faire état qu'ils apprendront bien mieux les règles par l'usage qu'on en fera remarquer, que par l'effort de leur mémoire, quoiqu'il ne faille pas laisser de leur faire apprendre par cœur.

(ROLLIN).

Il faut avouer qu'il y a des mémoires infidèles ; et s'il est permis de s'exprimer ainsi, entr'ouvertes de touts côtés, qui laissent écouler tout ce qu'on leur confie. Mais souvent ce défaut vient de la négligence. On ne cherche dans ses lecteurs qu'à satisfaire sa curiosité pour le présent, sans se mettre en peine de l'avenir. On songe plus à lire beaucoup qu'à lire utilement. On court avec rapidité et l'on veut toujours voir de nouveaux objets. Le remède serait de lire plus lentement, de répéter plusieurs fois la même chose et de s'en rendre compte à soi-même.

(BATTEUX. *Les beaux arts réduits à un principe*).

On met à l'entrée des études précisément ce qui peut en détourner les enfans, ou les en dégouter : des règles abstraites, des maximes sèches, des principes généraux, de la métaphysique.

(FLEURY. *Du Choix des Etudes*).

Savoir faire une relation, écrire une lettre ; tout cela est matière d'éloquence à proportion du sujet. Pour en montrer le secret, je voudrais principalement employer les exemples et l'exercice.

(LAMI. *Entretiens sur les sciences*).

Il me semble qu'on me mettait la tête dans un sac, et qu'on me fesait marcher à coups de fouet, me châtiant toutes les fois que, ne voyant point, j'allais de travers, je ne comprenais rien à toutes les règles qu'on me forçait d'apprendre par cœur.

(LOCKE. *Education des enfans*).

Il est certain que la méthode dont on se sert ordinairement dans les écoles pour enseigner le latin, est telle qu'après l'avoir examinée, je ne saurais me résoudre d'en conseiller la pratique. Les raisons qu'on peut apporter contre cette méthode sont si claires et si pressantes, que plusieurs personnes de bon sens en ayant été frappées ont effectivement abandonné la route ordinaire, ce qui ne leur a pas mal réussi quoique la méthode qu'ils ont employée, ne fût pas tout-à-fait la même que celle qui me parait la plus facile de toutes, et qui, pour le dire en peu de mots, consiste à enseigner le latin aux enfants de la même manière qu'ils apprennent l'anglais, sans les embarrasser ni de règles ni de grammaire......

Et après qu'on a vu si souvent parmi nous qu'une femme française enseigne à une jeune fille à parler et à lire parfaitement en français dans un ou deux ans, sans le secours d'aucune règle de grammaire, et sans faire autre chose que lui parler cette langue, je ne puis assez m'étonner que les gens de qualité ayent négligé de se servir de cette méthode pour les garçons, comme s'ils les croyaient d'un esprit plus pesant et plus borné que leurs filles.

(ROLLIN. *Traité des études*).

Mais faut-il commencer par la composition des thèmes, ou par l'explication des auteur ? C'est ce qui fait plus de difficulté, et sur quoi les sentimens sont partagés. A ne consulter que le bon-sens et la droite raison, il semble que la dernière méthode devrait être préférée; car pour bien composer en latin, il faut un peu connaitre le tour, les locutions, les règles de cette langue et avoir fait amas d'un nombre assez considérable de mots, dont on sente bien la force et dont on soit en état de faire une juste application. Or tout cela ne se peut faire qu'en expliquant les auteurs qui sont comme un dictionnaire vivant et une grammaire parlante où l'on apprend par l'expérience même la force et le véritable usage des mots, des phrases et des règles de la syntaxe.

Il est vrai que la méthode contraire a prévalu, et qu'elle est assez ancienne, mais il ne s'en suit pas pour cela qu'on doive s'y livrer aveuglément et sans examen. Souvent la coutume exerce sur les esprits une espèce de tyrannie qui les tient dans la servitude, et les empêche de faire usage de la raison, qui sans sortir des matières est un guide plus sûr que l'exemple seul, quelque autorisé qu'il soit par le temps. Quintilien reconnait que pendant les vingt années qu'il enseigna la rhétorique, il avait été contraint de suivre en public la méthode qu'il avait trouvée établie, de n'y pas expliquer les auteurs, et il ne rougit point d'avouer qu'il avait eu tort de se laisser entrainer par le torrent.

Je voudrais que l'on accoutumât les enfants à se passer de dictionnaire parce que l'habitude de le feuilleter entraine une perte de temps considérable.

(RADONVILLIERS. *Manière d'apprendre les Langues.*)

Un rudiment et un dictionnaire, des thêmes et des versions, voilà en abrégé la méthode ancienne.

(PLUCHE. *Mécanique des langues*).

Pour l'ordinaire on débute avec les enfans par le contrepied de ce qu'il faudrait faire soit dans le particulier soit dans une école publique. Le jeune enfant n'entend parler que de règles et de définitions extrêmement abstraites. A la tristesse d'une longue leçon succède la tristesse d'une composition encore plus longue; figurez-vous cet esprit dont les progrès vous sont chers; tantôt cloué sur une syntaxe inintelligible, tantôt égaré dans les détours d'un lugubre dictionnaire, où il ne trouve point ce qu'il cherche, où ce qu'il trouve le remplit de perplexité. S'il en veut faire l'application à sa manière, il y a tant de procédés à observer, tant de dangers à éviter, qu'il ne sait où il en est. Le choix du verbe, la voix, le mode, le temps, le nombre, la personne, tout cela débrouillé, nous ne tenons qu'un mot. Nouvelle méditation sur le suivant. Le pauvre enfant ne voit que des précipices, et en se détournant de l'un il donne tête baissée dans un autre.

Tous ceux que j'ai vus apprendre l'Italien ou l'Anglais par l'étude des règles ou par la composition des Thêmes, ont dépensé beaucoup d'argent et n'ont point appris la langue qu'ils voulaient savoir.

(CONDILLAC. *Cours d'études*).

La méthode de Socrate avec ses disciples était aussi simple que celle qu'il suivait avec les sophistes. Il leur faisait encore des questions et les conduisant de ce qu'ils savaient à ce qu'ils ne savaient pas encore, les engageait à observer, à réfléchir; il leur enseignait à chercher ce qu'ils voulaient apprendre de lui, et il leur procurait le plaisir de l'avoir trouvé...... Il donnait ses leçons sans aucun étalage de principes. Il paraissait causer.

(DUCLOS. *Remarques sur la grammaire de Port Royal.*)

Une Grammaire générale et même les grammaires particulières ne peuvent guère servir qu'à des maîtres qui savent déjà les langues. A l'égard des disciples, je rappellerai ce que j'ai dit dans une de mes remarques; peu de règles et beaucoup d'usage, c'est la clef des langues et des arts. Peut-être y reviendra-t-on quand la raison aura proscrit les vieilles routines qu'on a la bonté de regarder comme des méthodes d'instruction.

(BEAUZÉE. *Grammaire générale.*)

La science ne peut donner aucune consistance à la théorie, si elle n'observe avec soin les usages combinés et les pratiques différentes pour s'élever par dégrés à la généralisation des principes; ils sont en eux-mêmes déterminés et invariables, mais par rapport à nous, ils sont, comme les objets de toutes nos recherches, environnés de ténèbres, de doutes, d'incertitudes; la voie de l'observation et de l'expérience est la seule qui puisse nous mener à la vérité. Il en est partout comme en physique; nous ne pouvons dans quelque genre que ce soit, connaitre les causes que par les effets, ni les principes des arts que par leurs productions, et il n'y a qu'une longue suite d'expériences, d'observations et de comparaisons, qui puisse nous mettre en état d'apprécier la juste valeur, l'étendue et les bornes d'un principe.

(CLAIRAUT. *Elémens de géométrie*).

Quoique la Géométrie soit par elle-même abstraite, il faut avouer cependant que les difficultés qu'éprouvent ceux qui commencent à s'y appliquer, viennent le plus souvent de la manière dont elle est enseignée dans les Elémens ordinaires. On y débute toujours par un grand nombre de définitions, de demandes, d'axiomes et de principes préliminaires, qui semblent ne promettre rien que de sec au Lecteur. Les propositions qui viennent ensuite ne fixant point l'esprit sur des objets plus intéressans, et étant d'ailleurs difficiles à concevoir, il arrive communément que les Commençans se fatiguent et se rebutent avant que d'avoir aucune idée distincte de ce qu'on voulait leur enseigner.

(DUMARSAIS).

Je ne connais point de principe qui pour être bien entendu ne suppose la connaissance des idées particulières qui l'ont fait naître. Commencer par donner des règles sur une matière dont on n'a aucune connaissance, cela me parait bien éloigné de l'esprit de méthode, et bien peu proportionné à la portée des enfants, pour ne pas dire de touts les hommes. Il est bien plus facile de comprendre les règles quand on est en état de les appliquer à ce qu'on entend déjà. Il faut dans ces matières fonder le raisonnement sur le détail de la pratique. Aujourd'hui quand l'écolier de sixième est sorti de sa classe, il a de quoi s'occuper à la maison ou dans la salle d'étude; il a un thême à faire et il le fait comme il peut.. Il est vrai que ces thêmes selon M.r Rollin « ne sont propres qu'à « tourmenter les enfants par un travail péni« ble et peu utile, et à leur inspirer du dégoût « pour une étude qui ne leur attire ordinaire« ment de la part des maîtres que des repri« mandes et des chatiments » ; mais qu'importe, les enfants sont occupés, ils ne font aucun bruit dans la maison pendant ce temps là, ainsi les parens trouvent qu'ils profitent, et le maître s'il en ont un, passe son temps à ce qui lui plait; d'ailleurs quand l'écolier est de retour en classe, on lui corrige son thème et il en reprend un nouveau ; ainsi touts les temps sont remplis et tout le monde est satisfait, hors la malheureuse victime du préjugé.

Vous trouverez au contraire que la méthode de commencer par l'explication peut facilement être pratiquée dans les écoles publiques avec le secours de l'interprétation interliniaire.... Faites-en l'expérience sur des enfans de tout sexe, pourvu qu'il lisent aisément, vous serez éclairci en moins d'une heure.

La plupart des hommes se persuadent que les autres ne doivent être traités que comme ils ont été traités eux-mêmes. Un de nos plus fameux grammairiens, Regnier Desmarets ; n'a pas fait difficulté d'avouer plus d'une fois que *les enfans doivent apprendre comme leurs pères ont appris.*

(BUFFON. *Manière de traiter l'histoire naturelle*).

On reproche aux anciens de n'avoir pas fait des méthodes, et les modernes se croyent fort au-dessus d'eux, parce qu'ils ont fait un grand nombre de ces arrangements méthodiques et de ces dictionnaires dont nous venons de parler; ils se sont persuadés que cela seul suffirait pour prouver que les anciens n'avaient pas à beaucoup près autant de connaissances en histoire naturelle que nous en avons; cependant c'est tout le contraire......

Les gens sensés cependant sentiront toujours que la seule et vraie science est la connaissance des faits; l'esprit ne peut pas y suppléer, et les faits sont dans les sciences ce qu'est l'expérience dans la vie civile..... Le fondement de toute science n'est-il pas dans la comparaison que l'esprit humain fait faire des objets semblables et différents de leurs propriétés analogues ou contraires et de toutes leurs qualités relatives ?

Me serait-il permis de dire qu'un homme aurait plutôt fait de graver dans sa mémoire les figures de toutes les plantes et d'en avoir des idées nettes, ce qui est la vraie botanique, que de retenir tous les noms que les différentes méthodes donnent aux plantes, et que par conséquent la langue est devenue plus difficile que la science ?

(LE CARDINAL MAURY. *Discours de réception à l'Académie Française*).

L'abbé de Radonvilliers veut qu'on s'approprie les langues sans l'intervention d'aucun raisonnement, sans l'application d'aucune règle, sans le développement d'aucun principe, sans thêmes, sans versions écrits, sans dictionnaire, sans rudiment, par le seul exercice de la tradition verbale..... Tel est sa marche qui est aujourd'hui généralement suivie dans toute l'Europe par les maîtres et les étudiants de nos langues modernes; sa confiance fondée sur ses propres succès qu'on ne saurait lui contester, lui persuade que cette méthode n'est point un système mais une simple imitation de la nature.

(MASSILLON. *Du Zèle*).

Le zèle est un saint désir de se rendre utile à ses frères, mais un désir rempli de lumière et de prudence, qui nous dirige lui-même dans le choix des moyens; tout ce qui nous paroît bon ne lui paroît pas pour cela convenable. Il y a des bienséances et des mesures de sagesse dont le zèle ne doit jamais s'écarter. Il règle ses instructions sur le caractère de ceux qui l'écoutent; il choisit ses moments pour parler utilement et à propos; il ne précipite pas des corrections que la lenteur auroit rendues plus efficaces; son grand objet est d'être utile, et le même zèle qui forme en nous ce saint désir est toujours ingénieux à nous fournir des expédients qui en assurent le succès.

(FÉNÊLON. *Aventures de Télémaque*).

Surtout soyez en garde contre votre humeur : c'est un ennemi que vous porterez partout avec vous jusques à la mort ; il entrera dans vos conseils et vous trahira, si vous l'écoutez. L'humeur fait perdre les occcasions les plus importantes : elle donne des inclinations et des aversions d'enfant, au préjudice des plus grands intérêts ; elle fait décider les plus grandes affaires par les plus petites raisons ; elle obscurcit tous les talens, rabaisse le courage, rend un homme inégal, faible, vil et insupportable. Défiez-vous de cet ennemi.

(Mr JACOTOT).

Nous savons tout cela, dira-t-on ; mais, MM, qui vous a dit que vous ne le saviez pas ? Ai-je jamais soutenu que je venais révéler au genre humain quelque grande vérité inconnue jusqu'à ce jour ; si cela était neuf, le comprendrait-on ? L'enseignement universel est basé sur ce que tout le monde sait, sur ce que nous fesons touts les jours. *Age quod agis*, dis je à mon élève ; faites aujourd'hui, demain, toujours, ce que vous fesiez hier, vous étiez dans la route, ne vous en écartez pas, continuez votre éducation comme vous l'avez commencée, achevez l'étude de votre langue par le procédé que vous avez suivi jusqu'à ce jour, n'en changez pas vous n'avez pas appris dans les rudiments ce que vous savez; ne perdez point de temps, n'écoutez point ces gens qui veulent vous apprendre ce que vous apprendrez seul, ils vous retarderont. Mais j'ai confiance en leurs principes. Suivez les donc. Et vous? dise-je à un autre, moi je suis pressé d'arriver et je n'ai pas sept ans à ma disposition. Montrez-moi le chemin s'il vous plait? Je le lui indique et il arrive. Voilà le fait. Je n'ai jamais dit autre chose, j'avoue même qu'à la rigueur il n'avait pas besoin de moi. L'enseignement universel n'est rien, ce n'est pas une nouveauté, c'est l'ancienne méthode qui est une nouveauté, une véritable découverte, dont les perfectionnements successifs sont autant de lieux de repos, qui allongent la route de plus en plus.

www.ingramcontent.com/pod-product-compliance
Lightning Source LLC
LaVergne TN
LVHW020047170826
845678LV00001B/470

9782329688213